Beginner's
Italian Reader

Everyday life experiences of young Italian people

Daniel Rolfs, Ph.D.

Illustrations by Phil Kantz

Mc Graw Hill **Glencoe**

New York, New York   Columbus, Ohio   Chicago, Illinois   Peoria, Illinois   Woodland Hills, California

Glencoe

The *McGraw·Hill* Companies

Send all inquiries to:
Glencoe/McGraw-Hill
8787 Orion Place
Columbus, OH 43240

ISBN : 0-8442-8030-5
Printed in the United States of America
8 9 10 11 12 13 14 069 12 11 10 09 08 07 06

Preface

Beginner's Italian Reader is a remarkable book. It is designed to make learning Italian enjoyable for the beginning student at the junior or senior high level. Through 27 lively and self-contained vignettes, students are introduced to Italian teenagers, their families, and friends, who live in a working-class district of an Italian city. Culturally authentic and often amusing scenes are portrayed through dialogue, and students will be delighted as they discover such typical characters as an irate customer in a café, a kindly senior citizen in an apartment house, and a very observant teacher.

The language employed in *Beginner's Italian Reader* is simplified, but authentic. The exclusive use of the present tense and the avoidance of subordinate clauses make this a manageable reader that beginning students will be able to handle successfully. The vocabulary chosen for the stories, which can be read in any sequence, is of high frequency, and words are repeated often to encourage mastery.

Each of the readings is followed by one or more exercises, including reading comprehension, vocabulary reinforcement, and free completion. A few tongue twisters and word puzzles are included for motivation and enjoyment. A detailed end vocabulary, which includes words used in the exercises, follows the readings, so that students can easily work individually.

Contents

1 La famiglia Bianchi

In Italia

c'è una città.

Nella città c'è
quest'edificio di
appartamenti.

Nell'edificio di
appartamenti c'è
quest'appartamento.

4

Nell'appartamento
c'è questo
salotto.

Nel salotto c'è la famiglia Bianchi. I genitori sono il signore e la signora Bianchi. I loro figli si chiamano Mario e Giulia. Il loro cane si chiama Fido.

A Rispondi

1 Che c'è in Italia?
2 Che c'è nella città?
3 Che c'è nell'edificio di appartamenti?
4 Che c'è nell'appartamento?
5 Come si chiamano i genitori?
6 Come si chiamano i loro figli?
7 Come si chiama il cane?

B Scrivi queste parole

1 una città 2 un appartamento 3 un salotto
4 un cane 5 una famiglia

2 Di mattina

Alle sette di mattina, il signor Bianchi va alla stazione ferroviaria. Porta un cestino della merenda con lo spuntino. Nel cestino c'è del pane, del formaggio, e della salsiccia.

Alle sette e un quarto, la signora Bianchi va all'ufficio postale. Lavora all'ufficio postale di mattina. Ha una borsa. Nella borsa c'è una maglia.

Alle otto meno un quarto, Maria e Giulia vanno al liceo. Portano dei libri e dei quaderni.

Fido rimane solo nell'appartamento. Guarda la porta. È
triste.

A Rispondi
1 Dove va il signor Bianchi?
2 Cosa porta?
3 Che cosa c'è nel cestino?
4 Dove va la signora Bianchi?
5 Cosa fa di mattina all'ufficio postale?
6 Cosa porta nella borsa?
7 Dove vanno Mario e Giulia?
8 Cosa portano loro?
9 Chi rimane solo nell'appartamento?
10 Come sta il cane?

B Scrivi queste parole
1 del pane   2 una borsa   3 un cestino
4 la porta   5 il liceo   6 dei libri
7 la stazione ferroviaria

3 Dalla signora Borlenghi

Mario e il suo amico
Giacomo comprano
latte, salsiccia, pane
e formaggio al
supermercato.

Poi vanno dalla
signora Borlenghi.
Sta piovendo.

La signora Borlenghi è seduta in una poltrona.

Ha ottanta anni e non esce mai dal suo appartamento.

Giacomo mette il pane, il latte, la salsiccia e il formaggio sulla tavola. La signora Borlenghi dà dei dolci ai giovanotti e dice: "Tante grazie! Siete molto gentili!"

Micia, la gatta, vede il latte e salta sulla tavola.

Fa "miao".

A Rispondi

1 Cosa comprano Mario e Giacomo al supermercato?

2 Poi dove vanno?

3 Che tempo fa?

4 Dove è seduta la signora Borlenghi?

5 Quanti anni ha lei?

6 Esce mai dall'appartamento?

7 Dove mette il pane Giacomo?

8 Cosa dà la signora Borlenghi ai giovanotti?

9 Cosa dice lei?

10 Chi salta sulla tavola?

B Di' queste frasi il più rapido possibile

1 Giuseppe, Giacomo e Gina mangiano formaggio.

2 Mario, Maria e Margherita mangiano molte mele.

4 Il cane di Roberto

È mercoledì. Sono le sette di sera. Giulia e Mario giocano al ping-pong con Carla e Roberto. Tutti giocano nel garage.

Giulia gioca con Roberto. È simpatico e gioca bene. Mario gioca con Carla. È simpatica, ma gioca un po' male.

Il cane di Roberto entra nel garage. Prende la palla e corre sulla strada.

"Mamma mia!", dice Giulia.
Mario sorride perché la partita finisce.

A Rispondi
1 Che giorno è?
2 Che ore sono?
3 Dove giocano Giulia e Mario?
4 Gioca bene Roberto?
5 È simpatica Carla?
6 Gioca bene Carla?
7 Chi corre sulla strada con la palla?
8 Cosa dice Giulia?
9 Chi sorride?
10 Perché sorride?

B Finisci le frasi
1 Giuseppe e Margherita giocano . . .
2 Susanna dice . . .
3 Oggi è . . .
4 Il gatto . . .

5 In un caffè

La signora Bianchi Cameriere! Due tè, per favore!

Cameriere Sissignora.

Un turista Cameriere, cameriere! Un vino bianco!

Cameriere Sissignore.

Una ragazza Un gelato di fragola, per favore!

Cameriere Sissignorina.

Uno studente Tre caffè e una birra, per piacere!

Un turista Subito, cameriere! Ho sete!

Cameriere Sissignore, vengo. Ecco il Suo gelato e i Suoi tè.

Un turista Ma Lei si sbaglia! Dov'è il mio vino?

A Finisci le frasi

1 Una vecchia signora chiede . . .
2 Due giovanotti chiedono . . .
3 Il cameriere risponde . . .
4 Un turista chiede . . .
5 La vecchia signora dice alla fine, ". . ."

B Guarda il disegno a destra e identifica le cose numerate

1 Chi è?   5 Cos'è?
2 Cos'è?   6 Chi è?
3 Cos'è?   7 Chi è?
4 Cos'è?   8 Chi è?

6 La moglie del portiere

È mezzogiorno. Mario ed i suoi amici giocano con un pallone nel cortile. Davanti alla finestra della signora Fantini ci sono dei fiori in un vaso.

La signora Fantini e la moglie del portiere parlano. Mario getta il pallone e rompe un vaso da fiori.

"Ah, mi dispiace, signora", dice.

"Non fa niente, Mario", dice la signora Fantini. La moglie del portiere è antipatica. A lei non piace Mario.

"Ora vado a parlare con tuo padre!", grida.

Mario ha paura. Suo padre è a letto e dorme.

Rispondi

1 Che ora è?

2 Dove gioca Mario con i suoi amici?

3 Dove si trovano dei fiori?

4 Cosa fanno la signora Fantini e la moglie del portiere?

5 Cosa rompe Mario?

6 Cosa dice lui alla signora Fantini?

7 Cosa risponde lei?

8 Cosa grida la moglie del portiere?

9 Chi ha paura?

10 Dov'è il signor Bianchi?

7 Il concerto di rock

È sabato sera.
Mario e Giulia si
trovano a un concerto
di rock nel parco.
Sono seduti sull'erba.

Il divo sulla
piattaforma canta
a piena voce.
Si chiama Corrado.
Le ragazze tra gli
spettatori gridano,
anche Giulia.

Un giovanotto accanto
a Giulia le domanda,
"Vuoi ballare con me?"
Sorride e le offre una
Coca-Cola.

"Attenzione", Mario gli dice, "mia sorella non vede che quel divo sulla piattaforma. Tu non hai speranze con lei!"

"Taci!", grida Giulia. "Il cantante è bravissimo, non è vero?"

A Rispondi

1 Che giorno è oggi?
2 Dove sono Mario e Giulia?
3 Dove stanno seduti?
4 Cosa fa il divo sulla piattaforma?
5 Cosa fanno le ragazze?
6 Cosa domanda il giovanotto a Giulia?
7 Cosa dice Mario al giovanotto?
8 Cosa dice Giulia del cantante?

B Finisci le frasi

1 Il cantante canta . . .
3 I ragazzi . . .

2 Accanto a Mario sono seduti . . .
4 Luigia pensa . . .

8 Come va?

Giulia è nella cantina. Nella cantina c'è un vecchio letto, una valigia e un armadio. Apre l'armadio e trova un dizionario.

Subito tutto è all'oscuro. Il libro cade per terra. Giulia va verso la porta e urta contro il letto.

"Ohi!", grida.

Mario riaccende la luce. Sta sulla uscita e ride.

"Come va?", le domanda.

Giulia getta un guanciale in testa a suo fratello.

"E come va con *te?*" gli domanda.
Mario non risponde. Fugge.

A Rispondi
  1 Dov'è Giulia?
  2 Cosa c'è nella cantina?
  3 Cosa trova Giulia nell'armadio?
  4 Cosa succede subito?
  5 Cosa cade per terra?
  6 Dove va Giulia?
  7 Chi sta sulla uscita?
  8 Cosa getta Giulia contro la testa di suo fratello?
  9 Cosa gli domanda lei?
10 Cosa fa Mario?

B Finisci le frasi
1 Nella cucina c'è . . .
2 Pietro apre . . .
3 Paola urta contro . . .
4 I miei genitori trovano . . .

9 La televisione

Mario, Giulia e il signor Bianchi si siedono davanti al televisore. Vedono un uomo. Va sulla strada e porta una valigia.

"Giulia!"—grida la signora Bianchi.

Due poliziotti arrivano. L'uomo corre su un ponte. Un treno si avvicina.

"Giulia, Giulia", grida la signora Bianchi.

Subito l'uomo salta sul treno. La signora Bianchi entra nel salotto. Vede l'uomo sul treno.

La valigia cade dalle mani dell'uomo.

Adesso la signora Bianchi si siede davanti al televisore anche lei.

A Rispondi

1 Dove si siedono Mario, Giulia e il signor Bianchi?
2 Cosa si vede alla televisione?
3 Cosa porta l'uomo?
4 Cosa grida la signora Bianchi?
5 Dove corre l'uomo?
6 Dove salta subito?
7 Chi entra nel salotto?
8 Cosa vede la signora Bianchi?
9 Cosa cade dalle mani dell'uomo?
10 Chi si siede davanti al televisore?

B Finisci le frasi

1 Un giovanotto salta . . .
2 Giuseppe e Paolo sono seduti . . .
3 Il signor Rossini entra . . .
4 Subito . . .

10 La partita di pallacanestro

Il liceo di Mario e Giulia si chiama Liceo Giuseppe Verdi.
Oggi Giulia e la sua amica Caterina giocano a pallacanestro
contro un altro liceo. Portano dei maglioni e degli shorts
gialli. Ogni squadra ha ventiquattro punti. Caterina passa
il pallone a Giulia. Tutti gli spettatori gridano.

Gli amici di Giulia e Caterina gridano "Forza, forza!"
Giulia esita un momento, poi lancia il pallone.

"Vinciamo noi!", gridano gli spettatori.
L'arbitro indica la fine della partita.
"Bravissima, Giulia", dice Giacomo.
"Non c'è male, Giulia", dice Mario.

Rispondi
  1 Come si chiama il liceo di Mario e Giulia?
  2 Contro chi giocano alla pallacanestro?
  3 Cosa portano Giulia e Caterina?
  4 Quanti punti ha ogni squadra?
  5 A chi passa Caterina il pallone?
  6 Cosa gridano gli amici di Giulia?
  7 Quanto tempo esita Giulia?
  8 Che cosa indica l'arbitro?
  9 Cosa dice Giacomo?
 10 Cosa dice Mario?

11 Nel parco

(*Mario e Paolo sono seduti con Anna nel parco.*)

Mario   Tu vuoi un gelato, Anna?

Anna   Sì, grazie.

Mario (*al venditore*)   Signore, due gelati di cioccolata, per favore.

Il venditore   Ecco.

Anna   Grazie ancora, Mario. Sei proprio gentile.

(*Un altro ragazzo arriva.*)

Roberto   Ciao, Anna. Vuoi andare al cinema?

Anna   Benissimo. Andiamo!

Roberto   Arrivederci, Mario.

Anna   A più tardi, Mario.

Mario   Ma queste ragazze! Che si fa?

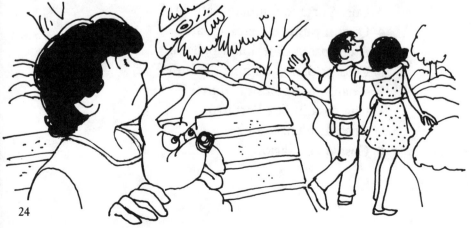

12 Quali due affissi vanno insieme?

Mario e Anna

Anna non è

Comincia qui

Ci sono dei libri

Roma

Vuoi andare

alla discoteca?

un poliziotto

sul letto

Giulia arriva

va sul ponte

un gatto è

a tempo

nella casa

è antipatica

simpatica

è in Italia

la moglie del portiere

sono seduti nel parco.

13 La nota di Mario

Sono le sei di sera. Mario scrive una piccola nota al suo amico Giacomo. Poi esce da casa.

Giulia guarda dalla finestra. Suo fratello mette la nota in una scatola. Poi va sulla strada.

Mette la scatola vicino ad un albero. Cinque minuti più tardi Giulia e la sua amica Maddalena si avvicinano alla scatola. Leggono la nota di Mario.

"Macchè!" dice Giulia. "Tutto è in numeri!"

22, 9, 5, 14, 9 1, 12, 12, 1 19, 20, 1, 26, 9, 15, 14, 5
1, 12, 12, 5 19, 5, 20, 20, 5

A Qualcosa da fare

1 Leggi la piccola nota di Mario.
2 Anche Giulia scrive una nota. Se prende uno specchio,
puoi leggerla.

VIENI AL MERCATO
ALLE NOVE

3 Scrivi una piccola nota in numeri al tuo amico o alla tua
amica.

B Cosa succede qui?

14 La motocicletta

Luigi ha una bella motocicletta.

"Vuoi fare una passeggiata in campagna, Giulia?", domanda.

Giulia accetta l'invito volentieri. Vanno veloce. A Giulia piace.

"Più veloce ancora, Luigi", grida forte.

Luigi va a cento, poi a cento venti chilometri l'ora.

Ad un tratto vedono una vecchia donna che attraversa la strada. Luigi fa una frenata e si ferma a tempo. È pallido. Giulia è pallida anche lei.

"Ma siete pazzi?", grida la vecchia.

A Rispondi

1 Cosa ha Luigi?
2 Cosa domanda a Giulia?
3 Vanno lento o veloce?
4 Cosa grida Giulia?
5 A quanta velocità va Luigi?
6 Cosa vedono ad un tratto?
7 Cosa fa la vecchia signora?
8 Cosa fa Luigi subito?
9 Come sono Luigi e Giulia?
10 Cosa grida la vecchia?

B Compara queste misure

1 chilometro = ⅝ miglio
100 chilometri = ⅝ × 100 ($^{500}/_8$) = 62½ miglia

C Quante miglia sono?

40 chilometri = ?
110 chilometri = ?
120 chilometri = ?

15 Al liceo

Sono le dieci e quindici. Tutti dànno un esame di matematica. Giulia è seduta accanto a Caterina. Le due parlano sotto voce.

"Silenzio!", dice la signora Di Stefano mentre guarda la classe.

Guido alza la mano. "Ho un piccolo problema", dice. "Devo uscire dall'aula". Giulia non può fare a meno di ridere.

Due minuti più tardi ritorna. È seduto davanti a Giulia e ha qualcosa nella mano.

"Dammi la nota", dice la signora Di Stefano. "Sei un truffatore. Penso di scrivere una lettera a tuo padre".

"Adesso sono nei guai", dice Guido. Tutti ridono, meno la signora Di Stefano.

A Rispondere

1 Che ora è?
2 Cosa fanno tutti?
3 Cosa fanno Giulia e Caterina?
4 Cosa grida la signora Di Stefano?
5 Cosa fa Guido?
6 Dove va Guido?
7 Cosa ha nella mano?
8 Cosa deve fare adesso?
9 Cosa dice la signora Di Stefano adesso?
10 Cosa risponde Guido?

B Quale parola non va con le altre?

1 sabato, mercoledì, mezzogiorno, domenica, giovedì
2 l'ufficio postale, il museo, la nota, il caffè, il liceo
3 giallo, nero, rosso, verde, veloce

16 Al mercato

Lo zio di Mario vende frutte e verdure al mercato. Oggi è mercoledì. Mario aiuta suo zio. Apre una cassa di cartone. Il signor D'Addario vende un chilo di ciliege ad una donna.

"Sono buone, signora", dice.

Un ragazzo afferra due pesche, le mette in tasca, e fugge sulla strada.

Mario lo caccia.
"Fèrmati, ladro!", grida.
Un poliziotto li vede tutti e due.

Il ragazzo ha paura.
Subito lascia le pesche . . .

. . . e sparisce.

A Rispondi
1 Cosa fa lo zio di Mario?
2 Che giorno è oggi?
3 Cosa fa Mario?
4 Cosa vende il signor D'Addario ad una donna?
5 Cosa dice alla cliente?
6 Cosa afferra un ragazzo?
7 Cosa fa Mario?
8 Cosa grida?
9 Chi li vede tutti e due?
10 Cosa lascia il ragazzo?

B Sai la risposta?
1 Chi è questo signore? Lui porta un vassoio con un bicchiere di vino, tre tazze di tè e due gelati.
2 Che tipo d'edificio è questo? Qui si trovano delle sedie, dei libri, degli studenti e dei professori.
3 Che tipo di frutta è questa? È una frutta rossa, rotonda e un po' piccola.

33

17 Il negozio

È sabato. Sono le dieci di sera. Giulia, Mario e il loro amico Guido escono dal cinema e passano davanti ad un negozio.

"Guardate, la porta è aperta", dice Giulia.

Entrano. È scuro. Guido accende una torcia elettrica. Sul banco c'è una bottiglia di vino, due bicchieri, un braccialetto, un anello e tre orologi. Mario apre un armadietto.

Subito un uomo appare da dietro il banco. Porta un cappello e degli occhiali da sole. Giulia grida.

"Cosa fate qui?", domanda l'uomo. Ha la voce rauca.

I tre non rispondono. Fuggono dal negozio. "Come nei cinema", pensa Giulia.

A Rispondi

 1 Quando Giulia, Mario e Guido escono dal cinema?
 2 Da dove escono Giulia, Mario e Guido?
 3 Com'è la porta del negozio?
 4 Cosa fanno i tre giovani?
 5 Cosa fa Guido?
 6 Cosa si vede sul banco?
 7 Chi appare da dietro il banco?
 8 Cosa domanda lui?
 9 Come ha la voce dell'uomo?
10 Cosa fanno i tre giovani?

B Finisci le frasi

1 Alle undici di sera . . .   2 Sotto il banco c'è . . .

Comincia qui

Verso le sette Mario e Giulia si trovano in cucina. Preparano un'insalata. Giulia guarda dalla finestra. Da una fabbrica ci esce del fumo. "Guarda, Mario, c'è un incendio!," grida. I due ragazzi! scendono rapido le scale e corrono verso la tabaccheria. Mario corre più rapido che sua sorella. Arrivato alla tabaccheria, fa una telefonata. Subito i pompieri arrivano e estinguono l'incendio. Il prossimo giorno una foto di Mario appare nel giornale. È contentissimo. FINE

A Copia le frasi e correggi gli sbagli

1 *Mario e Giulia* estinguono l'incendio.
2 Dalla fabbrica ci escono *dei cani e dei gatti*.
3 Mario e Giulia *mangiano* l'insalata.
4 Arrivato *all'albergo*, Mario fa una telefonata.
5 Verso le sette, Mario e Giulia si trovano *al liceo*.
6 Subito *i professori* arrivano.
7 "Guarda, Mario, c'è *un fantasma!*", grida Giulia.

B Rispondi

1 Cosa fanno Mario e Giulia in cucina?
2 Cosa fanno quando Giulia vede l'incendio?
3 Cosa fanno i pompieri?
4 Chi guarda dalla finestra?
5 Chi corre più rapido, Mario o Giulia?
6 Chi è contentissimo?
7 Chi appare nel giornale?
8 Cosa grida Giulia?

19 Alla stazione ferroviaria

Una donna   Da dove parte il treno per Roma, per favore?

Il signor Bianchi   Dal binario dodici, signora.

La donna   Tante grazie.

Un uomo   Per favore, dov'è il deposito-bagagli?

Il signor Bianchi   A destra, signore.

Una ragazza   Scusi, signore, ma dov'è il bar-ristorante?

Il signor Bianchi   A sinistra, signorina.

Un fanciullo   Le toelette, per favore?

Il signor Bianchi   Accanto al ristorante. Eh, questi
turisti! Non sanno leggere?

A Rispondi
1 Chi lavora alla stazione ferroviaria?
2 Cosa gli domanda la donna?
3 Cosa risponde il signor Bianchi?
4 Cosa gli domanda un uomo?
5 Cosa risponde il signor Bianchi?
6 Cosa domandano la ragazza e il fanciullo?
7 Cosa risponde loro il signor Bianchi?
8 Cosa dice il povero signor Bianchi alla fine?

B Finisci le frasi
1 Il treno per Milano è . . .
2 Gli autobus per la città sono . . .
3 I tassì sono . . .

20 Un incidente

È giovedì. Mario va alla scuola in bicicletta. Una donna fa una passeggiata con il suo cane. Tutt'ad un tratto il cane corre davanti a Mario perché caccia un gatto. Mario cade dalla bicicletta.

"Ohi!", grida.

Giacomo e Caterina vanno alla scuola anche loro.

"Ti fa male?", gli chiedono.

All'inizio non capisce. Poi dice, "I pantaloni e la giacca! Sono sudici!"

La donna attraversa la strada e raccoglie il cane nelle braccia. Neppure guarda Mario.

"Vieni qua, amorino", dice al cane. Poi se ne va.

A Rispondi

1 Che giorno è?
2 Dove va Mario in bicicletta?
3 Chi fa una passeggiata con il suo cane?
4 Cosa fa il cane?
5 Da che cosa cade Mario?
6 Quali altri ragazzi vanno alla scuola?
7 Cosa domandano a Mario?
8 Cosa fa la donna?
9 Guarda Mario lei?
10 Cosa dice la donna al cane?

B Descrivi i disegni

Anna cade da un tetto.

Il signor Bianchi cade da una scala a pioli.

Mario cade da un aeroplano.

La signora Bianchi cade da uno sgabello.

C Finisci le frasi

1 Il professore cade da . . .
2 Giulia cade da . . .
3 La signora Fantini cade da . . .
4 Guido cade da . . .

41

21 Al museo

È domenica. Piove. Mario e i suoi amici vanno al museo.
Vedono una collezione di pistole, un'altra collezione di
coltelli africani e anche una bella mostra di porcellana.
Alle cinque di sera escono dal museo.

"Molto interessante", dice Giacomo.

Una ragazza americana studia una pianta della città. Non parla italiano.

"Can you tell me where the museum is?", domanda.

"Mi dispiace, signorina; non capisco", dice Mario.

"Parla italiano Lei? We not speak the English", dice Giacomo.

La ragazza fa cenno di "no" con la testa.

"Peccato", dice Mario.

A Rispondi

1 Che giorno è?
2 Che tempo fa?
3 Dove vanno Mario e i suoi amici?
4 Cosa vedono loro?
5 Quando escono dal museo?
6 Cosa dice Mario?
7 Chi studia una pianta della città?
8 Cosa dice la ragazza?
9 Cosa dice Mario?
10 Cosa dice Giacomo?

B Finisci le frasi

1 Corrado e i suoi amici vanno . . .
2 Vedono una . . .
3 Alle dieci di sera . . .
4 Una ragazza francese . . .
5 La ragazza domanda . . .
6 I ragazzi rispondono . . .

22 Al molo

Alle otto di mattina, Giulia e Mario vanno al liceo. Incontrano Elena.

"Una bella giornata, no?" dice. "Oggi io non vado a scuola. Vado al molo."

"Ciao", dice Giulia a suo fratello, "io accompagno Elena." Alcune barche si trovano al molo. Un pescatore offre a Giulia un grande pesce.

"No, grazie, signore", dice sorridendo. Il pescatore mostra loro un bel caffè al molo. "Qui servono dell'ottima limonata", dice.

Al caffè, c'è un uomo seduto sulla terrazza. Guarda Giulia fissamente.

"Povera me!", dice Giulia. "È il mio papà!"

A Rispondi

1 Dove vanno Giulia e Mario?
2 Chi incontrano?
3 Dove va Giulia con lei?
4 Cosa si trova al molo?
5 Cosa offre il pescatore a Giulia?
6 Che servono nel caffè al molo?
7 Chi è seduto sulla terrazza?
8 Come guarda l'uomo Giulia?
9 Cosa dice Giulia?
10 Ha Giulia una buona fortuna?

B Pronuncia questa frase

Il re d'Inghilterra ha fatto la guerra per mare e per terra con il re del Perù.

23 Nel giardino

Giulia e Caterina sono in un giardino. Il giardino è dietro una casa abbandonata. Caterina guarda dei pesci dorati in un piccolo stagno. Giulia scala un piccolo albero.

Subito un ramo rompe e Giulia cade nello stagno.
"Ahi", grida.
"Tutto va bene?" chiede Caterina.

Giulia ride.
"Con me, sì, ma con i pesci, no."

A Rispondi
1 Cosa fa Caterina nel giardino?
2 Cosa fa Giulia?
3 Dove sono i pesci dorati?
4 Cosa grida Giulia?
5 Cosa domanda Caterina?
6 Perché cade Giulia?
7 Tutto va bene con Giulia?
8 Tutto va bene con i pesci dorati?

B Copia le frasi e correggi gli sbagli
1 Caterina guarda *gli elefanti* nello stagno.
2 Giulia cade *nella piscina*.
3 Le due ragazze sono *nel liceo*.
4 Giulia sale *una montagna*.
5 *Un vaso da fiori* rompe.
6 Il giardino è dietro *un museo*.

24 Il luogo di villeggiatura—la partenza

Mario, Giulia e i loro amici sono nel treno. Vanno ad un luogo di villeggiatura. Il treno parte fra cinque minuti. I ragazzi leggono delle riviste e bevono delle limonate.

L'organizzatore del gruppo dei giovani aspetta Elena al binario. Giulia guarda dal finestrino del treno. La sua amica arriva con suo padre.

Corrono. Elena porta uno zaino, una borsa di tela e un sacco. Suo padre porta una grande valigia.

"Meglio tardi che mai", dice Elena.

A Rispondi

1 Dove sono i giovani?

2 Dove vanno?

3 Cosa fanno i ragazzi?

4 Cosa fa l'organizzatore del gruppo?

5 Dov'è seduta Giulia?

6 Cosa fanno Elena e suo padre?

7 Cosa porta Elena?

8 Cosa porta suo padre?

B Copia la frase e includi dieci cose

Parto di viaggio e metto nella mia valigia un libro, due paia di scarpe, tre pantaloni . . .

25 Il luogo di villeggiatura—il venditore ambulante

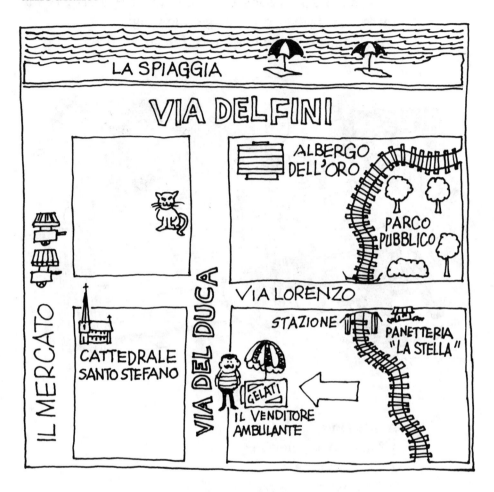

Il venditore ambulante   Gelati! Caramelle! Arachidi!
Una signora   Scusi, dov'è la spiaggia?
Il venditore ambulante   A destra, signora.
Uno studente   Per favore, signore, dov'è l'albergo?
Il venditore ambulante   Laggiù in fondo, signore.

Mario Delle caramelle, per favore.
Il venditore ambulante Finalmente, un cliente!

A Rispondi

1 Dove va la signora?
2 Dove va lo studente?
3 Cosa grida il venditore ambulante?
4 Cosa chiede Mario?
5 Cosa dice il venditore ambulante?

B Conversazione sulla strada

Domanda dove sono questi luoghi:
1 la panetteria "La Stella"
2 la stazione
3 il parco
4 il mercato

È il quindici agosto. Mario, Giulia e Guido si trovano su una montagna. I giovani salgono su una roccia. Fa caldo. Guido fa una pausa e beve dell'acqua. Mario sale davanti a Giulia. Subito, Mario scivola giù. Afferra un ramo, ma continua a scivolare. Ha paura. "Aiutatemi!", grida.

Giulia mette la mano sotto il piede di suo fratello. Poco a poco, Mario sale di nuovo.

"Grazie, Giulia", dice. "Sei stupenda!"

A Correggi gli sbagli
1 È il quindici *settembre*.
2 Fa *freddo*.
3 Guido beve *una limonata*.
4 *Un cane* sale davanti a Giulia.
5 Mario afferra *un fiore*.
6 Giulia mette *la testa* sotto il piede di suo fratello.

B Rispondi
1 Dove si trovano Mario, Guido e Giulia?
2 Chi scivola giù?
3 Cosa grida Mario?
4 Cosa dice Mario alla sorella alla fine dell'episodio?

27 Il luogo di villeggiatura—una visita ad un castello

I giovani visitano un castello. Si trovano nel salotto di un duca. "Guardate questo magnifico camino e questa bella poltrona del secolo XVI", dice il guida.

"Guardate anche questa bella pittura. A destra si vede Cristoforo Colombo al punto di partire per il Nuovo Mondo."

Giulia e Roberto non ascoltano il guida. Invece guardano un ritratto di una donna dipinta dal Botticelli.

"È molto bella", dice Giulia.

"Sei molto bella anche tu", dice Roberto. Roberto è un ragazzo abbastanza simpatico.

Rispondi

1 Cosa fanno i giovani?
2 Dove si trovano nel castello?
3 Cosa guardano?
4 Dov'è Cristoforo Colombo?
5 Cosa sta per fare Colombo?
6 Giulia e Roberto ascoltano il guida?
7 Cosa guardano i due giovani?
8 Cosa dice Giulia?
9 Cosa dice Roberto?
10 Chi è abbastanza simpatico?

Vocabolario

Note: Since most nouns ending in *o* are masculine, and most nouns ending in *a* are feminine, gender is indicated only for *exceptions* to this rule, or if the noun ends in some other vowel. All verbs from the readings are listed only in their infinitive form.

A

a to
abbastanza very
accanto a next to
accendere to turn on
accettare to accept
accompagnare to accompany
acqua water
adesso now
aeroplano airplane
afferrare to grab
affisso sign
africano African
agosto August
aiutare to help
albergo hotel
albero tree
altro other
alzare to raise
ambulante moving, mobile
  venditore ambulante *(m)* peddler
amico friend
amorino "sweetheart"
anche also, even
ancora still, yet
andare to go
andarsene to go away
anello ring
anno year
antipatico dislikeable, unpleasant
aperto open
apparire to appear
appartamento apartment
aprire to open
arachide *(f)* peanut
arbitro referee
armadietto display case
armadio wardrobe (closet)
arrivare to arrive
arrivederci goodbye
ascoltare to listen to
attenzione *(f)* attention; be careful!
attraversare to cross
autobus *(m)* bus
avere to have
  avere _____ anni to be _____ years old
  avere paura to be afraid
  avere sete to be thirsty
avvicinarsi to approach

B

ballare to dance
banco counter
bello beautiful, handsome
bene well
  Tutto va bene? Is everything all right?
bianco white
biblioteca library
bicchiere *(m)* a glass (for drinking)
bicicletta bicycle
binario railroad track
birra beer
borsa purse
bottiglia bottle
braccialetto bracelet
braccio arm *(pl = le braccia)*
bravo very good, excellent

C

cacciare to chase
cadere to fall
caffè coffee, a café
caldo hot
  fare caldo to be hot (weather)
cameriere *(m)* waiter
camino fireplace
campagna countryside
cane *(m)* dog
cantante *(m* or *f)* singer
cantare to sing
cantina basement
capire to understand
cappello hat
caramella candy
cartone *(m)* cardboard
casa house
cassa box
castello castle
cena dinner
cento one hundred
cestino box, lunch box
  si chiama _____ his/her name is _____
che that, who, what
chi who
chiamarsi to be called
chiedere to ask
chilo kilogram
chilometro kilometer

ci   there
  c'è   there is
  ci sono   there are
ciao   hello, goodbye
ciliegia   cherry
cinema (m)   movie theater, the
  movies
cioccolata   chocolate
città   city
classe (f)   class
cliente (m or f)   client, customer
collezione (f)   collection
coltello   knife
come   how
  com'è = come e
  Come va?   How is it going?
cominciare   to begin
comprare   to buy
con   with
concerto   concert
contento   happy, pleased
continuare   to continue
contro   against
correggere   to correct
correre   to run
cortile (m)   courtyard

D
da   from, at the place of
dare   to give
davanti (a)   in front of
deposito-bagagli   baggage
  depot
destro   right
  a destra   to the right
dieci   ten
dietro   behind
dipinto   painted
dire   to say, to tell
discoteca   discotheque
disegnare   to draw
disegno   drawing
dispiacere (a uno)   to be sorry
  mi dispiace   I'm sorry
divo   stage or screen "star"
dizionario   dictionary
dolci (m, pl)   sweets
domandare   to ask
domenica   Sunday
donna   woman
dormire   to sleep
dove   where
  dov'è = dove è
duca (m)   duke
due   two
  tutti e due   both

E
e, ed   and
ecco   here is/are . . .
edificio   building

edificio di appartamenti
  apartment building
elefante (m)   elephant
entrare (in)   enter
episodio   episode
erba   grass
esame (m)   exam
esitare   to hesitate
essere   to be
essere seduto, a   to sit down
estinguere   to extinguish

F
fabbrica   factory
famiglia   family
fanciullo   child
fare   to do, to make
  non può fare a meno di _____
    can't help but _____
  fare caldo   to be hot (weather)
  fare una frenata   to brake
    (suddenly)
  fare miao   to meow
  fare una telefonata   to make a
    phone call
  Che si fa?   What can one do
    (about it)?
favore (m)   favor
  per favore   please
fermarsi   to stop
figli   son and daughter, children
finalmente   finally
finestra   window
finire   to finish
finito   finished
fiore (m)   flower
fissamente   fixedly
  guardare fissamente   to stare
fondo   end
  laggiù in fondo   at the end (of the
    street)
formaggio   cheese
forte   loud, loudly
forza!   go! come on!
foto   photograph
fra   between, within
fragola   strawberry
francese (m)   French
frase (f)   sentence
fratello   brother
freno   brake
fuggire   to run away, to flee
fumo   smoke

G
gatta   female cat
gatto   cat
gelato   ice cream
genitori (m, pl)   parents
gentile   kind, nice
gettare   to throw

giacca   jacket, coat
giallo   yellow
giardino   garden
giocare   to play
giornale (m)   newspaper
giornata   day
giorno   day
giovane (m)   youngster; young (adj)
giovanotto   young man
giovedì (m)   Thursday
gli   the; to him
guardare   to look, to watch
guida   guide

I
i   the (pl)
il   the
incendio   fire
incidente (m)   incident
incontrare   to meet up with
indicare   to indicate
inizio   beginning
  all'inizio   at first
insalata   salad
insieme   together
interessante   interesting
invitare   to invite

L
l'   the
la   the
là   there
ladro   thief
laggiù in fondo   at the end of the street
lanciare   to throw, to shoot (basketball)
lasciare   to leave
latte (m)   milk
lavorare   to work
le   the; to her
leggere   to read
lettera   letter
letto   bed
lì   there
libbra   pound
libro   book
liceo   high school
limonata   lemonade
lo   it
loro   to them
luce (f)   light
luogo   place
  luogo di villeggiatura   resort place, vacation "spot"

M
ma   but
  Macche?   What nonsense!
maglia   sweater

maglione (m)   jersey
magnifico   magnificent
mai   never
male   badly, poorly
  Non c'è male!   Not bad!
  Ti fa male?   Does it hurt?
mamma   mother, mom
  Mamma mia!   Good Heavens!
mano (f)   hand (pl = le mani)
mare (m)   sea
matematica   mathematics
mattina   morning
  di mattina   in the morning
me   me
meglio   better
meno   except
mentre   while
mercato   market
mercoledì (m)   Wednesday
merenda   snack
mettere   to put, to place
mezzogiorno   noon
miao   meow
miglio   mile (pl = le miglia)
minuto   minute
mio   my, mine
moglie (f)   wife
molo   wharf, dock
molto   very
momento   moment
montagna   mountain
mostrare   to show
mostra   display
motocicletta   motorcycle
museo   museum

N
negozio   store, shop
neppure   not even
niente   nothing
  non fa niente   "don't worry; it's nothing"
no   no
non   not
nota   note
numero   number
nuovo   new
  di nuovo   again

O
occhiali (m, pl)   glasses
  occhiali da sole   sunglasses
offrire   to offer, to treat someone to something
oggi   today
ogni   each, every
ohi!   ow! ouch!
ora   hour
  100 chilometri l'ora   100 km per hour
organizzatore (m)   organizer

orologio wristwatch, clock
oscuro darkness
  all'oscuro in the dark
ottanta eighty
ottimo excellent
otto eight

P

padre (m) father
palla ball
pallacanestro (f) basketball
pallido pale
pallone (m) ball (inflatable type)
pane (m) bread
pantaloni (m, pl) pants
papà (m) daddy
parco park
parlare to speak
partire to leave
partita game
passare to pass
passeggiata stroll, ride
  fare una passeggiata to take a
    stroll, ride
pausa pause
pazzo crazy
peccato! what a shame!
pensare to think
  pensare di . . . to intend to
perché why, because
pesca peach
pescatore (m) fisherman
pesce (m) fish
  pesce dorato goldfish
piacere to please
  per piacere please
pianta map (of a city)
piattaforma platform
piccolo small
piede (m) foot
ping-pong (m) ping pong
piovere to rain
pistola pistol
po' = poco little
  un po' a bit
poco a poco little by little
poi then, next
poliziotto policeman
poltrone (m) armchair
pompiere (m) fireman
ponte (m) bridge
porcellana porcelain
portare to carry, to wear
portiere (m) janitor, doorman
povero poor
prendere to take
problema (m) problem
proprio indeed, very
prossimo next
punto point
  al punto di about to

Q

quaderno notebook
qualcosa something
quarto quarter
  le _____ e un quarto a quarter
    past _____
quello that
questo this
qui here
quindici fifteen

R

raccogliere to pick up
ragazza girl
ragazzo boy
ramo branch
rapido quickly
rauco hoarse
re (m) king
riaccendere to turn on again
ridere to laugh
rimanere to remain, to stay
rispondere to answer
risposta answer
ristorante (m) restaurant
ritornare to return
rivista magazine
roccia rock, cliff
rompere to break
rosso red
rotondo round

S

sabato Saturday
sacco sack
salire to climb, to go up
salotto living room
salsiccia sausage
saltare to jump
sapere to know; to know how to
sbagliarsi to be mistaken
sbaglio mistake
scala stairs
  scala a pioli ladder
scalare to scale, to climb
scale stairs
scarpa shoe
scatola can, box
scendere to descend, to go down
scivolare to slip
scrivere to write
scuola school
scuro dark
secolo century
sedersi to sit down
sedia chair
seduto seated
sera evening
servire to serve
sete (f) thirst
sgabello stool

shorts (*m, pl*) shorts
signora Mrs., ma'am, lady
signore Mr., sir, gentleman
signorina Miss, young lady
silenzio silence
simpatico nice, likeable
sinistro left
  a sinistra to the left
sissignore, etc. "yessir" (**sì, signore**)
sole (*m*) sun
sorella sister
sorridere to smile
sotto under
  sotto voce under one's breath
sparire to disappear
specchio mirror
speranza hope
spettatore (*m*) spectator
spiaggia beach
stagno pond
stare to be, to stand
stazione ferroviaria (*f*) railway station
strada street
studente (*m*) student
stupendo stupendous
subito suddenly
succedere to happen
suo, a his, her

T

tabaccheria tobacco store
tacere to be quiet
tanto so much
  tante grazie thank you so much
tardi late
  A più tardi! See you later!
tasca pocket
tassì (*m*) taxi
tavola table
tè (*m*) tea
tela cloth
telefonata phone call
televisione (*f*) television
televisore (*m*) television set
tempo time, weather
  a tempo on time, in time
  Che tempo fa? What's the weather like?
terra earth, ground
  per terra on the ground
terrazza terrace
testa head
tetto roof
tipo type

toeletta washroom
torcia elettrica flashlight
tra between
tre three
treno train
triste sad
trovare to find
trovarsi to find oneself
truffatore (*m*) cheater
tuo your
turista (*m*) tourist (*pl* = **turisti**)
tutt'ad un tratto all of a sudden
tutti e due both
tutti everybody
tutto all

U

ufficio postale post office
un, un' one, a, an
una one, a, an
uno one, a, an
uomo man
urtare to bump into
uscire to go out of, to leave
uscita exit

V

valigia suitcase
vaso vase, pot
vassoio tray
vecchio old, an old person
vedere to see
veloce fast
vendere to sell
venditore (*m*) salesman, vendor
  venditore ambulante peddler
venire to come
venti twenty
ventiquattro twenty-four
verdura vegetable
verso toward, about
vicino a near
villeggiatura vacation, holiday
  luogo di villeggiatura resort
vincere to win
vino wine
visitare to visit
voce (*f*) voice
  a piena voce loudly, loud
volentieri gladly
volere to want

Z

zaino knapsack
zio uncle